Lm 27 7151
I.

AF592348

UN AMI DE VOLTAIRE A MONSIEUR D'EPRÉMESNIL,

Neveu de Mr. de Leyrit *& Conseiller aux Enquêtes du Parlement de Paris*

Au Sujet d'un Plaidoyer qu'il a prononcé au Parlement de Rouen contre le Général Lally & contre son Fils Mr. de Tolendal.

DANS CE PLAIDOYER

On outrage gratuitement la Mémoire de Mr. de Voltaire.

A LONDRES,

Et se trouve

A PARIS,

Chez l'Esprit Libraire, au Palais Royal.

1780.

EPIGRAPHE.

Si j'avais l'honneur d'être picard ou champenois, & d'être le fils d'un traitant ou d'un fournisseur de Vivres ou d'un commis à la compagnie des Indes, je pourrais moyenant douze à quinze mille écus, devenir moi septième le maitre absolu de la vie & de la fortune de mes concitoyens : on m'appelerait Monsieur *dans le protocole de mes confrères, & j'appelerais les plaideurs par leur nom tout court fussent-ils des* Chatillon & des Montmorenci & *je serais le tuteur des Rois pour mon argent. C'est un excellent marché. J'aurais de plus le plaisir de faire bruler tous les livres qui me déplairaient & je commencerais par* celui de mon adversaire.

VOLTAIRE.

RE'PONSE,
De Mr. A. à Mr. B.

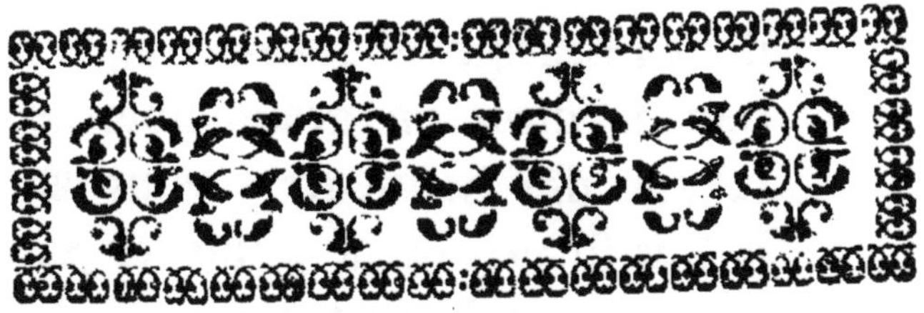

UN

AMI DE VOLTAIRE

A MONSIEUR

D'EPRÉMESNIL

Neveu de Mr. DE LEYRIT, & *Conseiller au Enquêtes du Parlement de Paris.*

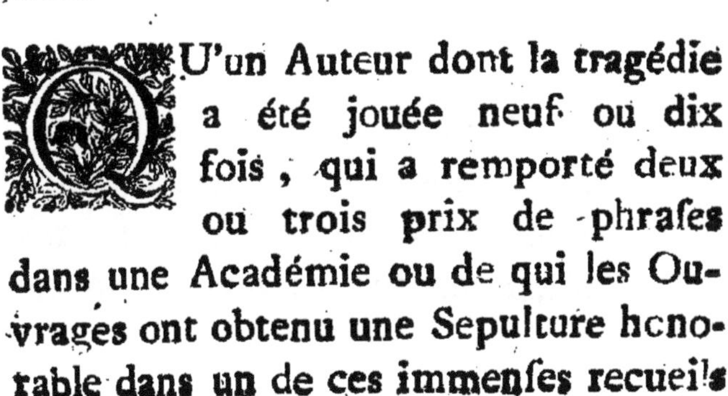

QU'un Auteur dont la tragédie a été jouée neuf ou dix fois, qui a remporté deux ou trois prix de phrases dans une Académie ou de qui les Ouvrages ont obtenu une Sepulture honorable dans un de ces immenses recueils

 dont

dont l'Europe eſt inondée, que cet Auteur ſe croit un grand homme, qu'à la vue des honneurs rendus au genie il ſoit ſurpris de ne point les partager, & qu'il s'en Venge par des Calomnies: qu'un Licentié en Droit qui achete un Office, ſe croit un perſonage, qu'il mépriſe un ſimple particulier qui n'a que des talens & point d'Office, qu'il s'irrite de voir ce particulier être plus grand que lui dans l'opinion, & qu'il s'en venge par des Libelles juridiques; tout cela eſt dans la nature des Auteurs, & des pourvus d'Office; & plus cette jalouſie eſt odieuſe & ridicule plus nous ſommes forcés d'eſtimer ceux que leur bon ſens & l'elévation de leur ame en ont préſervé.

Mais cette jalouſie eſt elle la cauſe de l'acharnement avec lequel, après avoir pourſuivi un grand homme pendant ſa longue & glorieuſe cariére, on s'acharne ſur ſes manes, on fait à ſon cada-

cadavre les insultes qu'on n'a pû faire à sa personne ? non sans doute.

Aristophane étoit jaloux de la gloire de Socrate. Anitus & Melitus, étoient blessés de voir le fils de Sophronime, un simple Philosophe plus considéré dans Athenes qu'un pontife de Minerve ou qu'un Aréopagite. Mais cette longue suite de Manœuvres employées pour faire périr Socrate n'a t'elle point eu d'autres causes ? & si Socrate n'eut été qu'un homme de génie, si les prétres n'eussent craint qu'en préchant la raison, il ne fit tomber ou diminuer les offrandes, si les Aréopagites n'eussent apprehendé qu'en éclairant le peuple d'Athenes sur l'administration de l'Etat & sur la Législation Socrate ne leur fit perdre un crédit, uniquement fondé sur d'Antiques préjugés, Socrate eut il bû la cigue ? le Philosophe eut peut être été joué sur le théatre, mais c'est au citoyen vertueux que la mort étoit préparée: c'eſt lorsqu'un Philoſophe a été vraiment utile, lorsqu'il a influé, ſur l'eſprit de ſon ſiécle, lorsqu'il a combattu des préjugés qui ſacrifiaient les Nations entiéres à l'avidité ou à l'orgueil d'un petit nombre, c'eſt alors qu'on lui pardonne bien moins ſes vertus que ſes talens. Ce n'eſt pas la jalouſie, c'eſt l'intérêt ſeul qui peut mettre tant de ſuite à la haine, elle pourſuivra Voltaire tant que les Ennemis de l'humanité & de la raiſon auront de la puiſſance, elle ne cherche point à diminuer ſa gloire, c'eſt à empêcher ſes ouvrages d'être utiles aux hommes qu'elle prétend ſurtout. Sa gloire n'eut pas eu beſoin d'apologie, mais il eſt utile que l'ami de l'humanité ne demeure point chargé d'imputations Calomnieuſes & que celui qui n'a ceſſé pendant ſa vie de plaider la cauſe de l'oprimé trouve un défenſeur après ſa mort.

Par-

Parmi les évenemens publics un de ceux qui avoient excité une plus vive indignation dans l'ame de Voltaire, étoit le ſupplice du Comte de Lally, lui ſeul avoit élevé la voix, lui ſeul s'étoit rendu l'interprête des ſentimens des hommes juſtes & éclairés, lui ſeul avoit ôſé braver la haine des puiſſans ennemis de l'infortuné Général de l'Inde: & tandis que forcé d'attendre l'âge où les Loix permettent aux citoyens d'agir en leur nom & de ne prendre conſeil que de leur courage, le fils de Lally gardoit un ſilence pénible, les Ecrits de Voltaire inſtruiſoient l'Europe. L'opinion publique avoit prévenu l'arrêt émané du trône. Voltaire eut dans ſes derniers momens la conſolation d'apprendre que cet arrêt avoit rempli le vœu de ſon cœur. Son ame accablée par la maladie reprit ſes forces pour féliciter le fils du Comte de Lally. „ *Je meurs content*

 „ *lui*

„ *lui écrivoit il, je vois que le Roi ai-*
„ *me la justice.* Ce dernier cri d'une ame généreuse, les derniers mots d'un homme qui avoit employé sans relache pour le bien des hommes un des plus grands genies que la nature ait jamais formés devoient sans doute l'exposer aux outrages des ennemis du Comte de Lally: on eut méprisé les injures, mais ils ont pris pour diffamer Voltaire le masque du patriotisme & des mœurs & dès lors une réponse devient nécessaire.

Que dans un Procès où il s'agit de savoir si le Général Lally étoit coupable ou plûtot s'il avoit tort de mépriser le Gouverneur Marchand Leyrit, lorsqu'un jugement du Conseil du Roi en cassant les Procédures du Parlement a montré que du moins Lally avoit été mal jugé, que dans ce Procès on invoque le Dieu de nos Peres comme si nos Peres avoient un autre Dieu

que

que le Dieu de tous les hommes, comme si la cause de Mr. de Leyrit étoit celle de la Divinité, ou qu'un Général trainé dans un tombereau avec un Baillon fut un spectacle agréable aux yeux de l'être suprême, que l'on dénonce comme ennemis de la Magistrature ceux qui ôsent douter de l'infaillibilité des Magistrats, ceux qui ont plus de confiance en un Arrêt du Conseil du Roi qu'en un Arrêt du Parlement de Paris, comme si les membres du Conseil n'étoient pas aussi des Magistrats, qu'on veuille ériger en principe qu'un innocent une fois condamné doit pour l'honneur de la Magistrature rester à jamais chargé de l'opprobre: qu'on fasse du tribunal qui doit deffendre les citoyens un tiran qui ne meurt point, & dont les injustices doivent être à jamais irréparables, qu'on montre dans un Arrêt qui réhabiliteroit la mémoire du Comte de Lally, la subverſion des Loix & des principes comme ſi le Comte de Lally étoit le premier innocent condamné dont la mémoire ait été rehabilitée, comme ſi les Arrêts contre l'Amiral de Coligny & Mazarin n'avoient pas été réformés comme ſi ceux qui privoient de la Couronne Charles VII & Henri IV avoient ſubſiſté, comme ſi nous n'avions plus ni loix ni principes depuis que l'Emétique & la Philoſophie contraire à celle d'Ariſtote ſe ſont établies en dépit des arrêts du Parlement, qu'on appelle ennemis de la Magiſtrature ceux qui déſirent la réforme de la Jurisprudence, qu'on veuille enlever aux citoyens le Droit d'examiner les Loix, d'en discuter les inconveniens ou les avantages, qu'on veuille nous forcer d'adorer une procédure qui permet de refuſer à l'accuſé un Conſeil, qui lui ôte ce conſeil lorsqu'il eſt en préſence du juge & des temoins, qui ne lui per-

permet pas d'avoir une copie des Procédures faites contre lui pour les examiner de Sangfroid, qui lui refuſe le Droit de récuſer les témoins dont il ne connoit l'inimitié, que par les calomnies dont ils le chargent, qui ne l'admettent à prouver ſon innocence qu'après que toute la preuve contre lui eſt terminée, comme ſi dans l'examen d'un fait on pouvoit ſéparer ce qui tend à l'établir, de ce qui en detruit les preuves, une Procédure enfin ou l'on compte parmi les moyens de découvrir la vérité l'uſage barbare de briſer entre deux planches les jambes d'un accuſé; qu'on veuille nous faire admirer une Législation où l'on punit un homme de mort pour un vol de quelques piéces d'argent, où l'occultation de groſſeſſe eſt punie comme l'infanticide, où l'inceſte & le Parricide ſont condamnés au même ſupplice, où l'on briſe les ôs des hommes vi-

vivans, pour les laiſſer expirer dans les douleurs, où on les jette vivans dans les flammes, où l'on réunit ces deux ſupplices ſur le même homme, oú l'on punit par le feu, ou des fautes de mœurs ou des crimes imaginaires & qu'on ſe vante d'aimer *la beauté ſévere de ces Loix*, que lorsqu'un fils en defendant ſon Pere a ôſé revoquer en doute ou la véracité de ſes accuſateurs, ou l'impartialité de ſes juges, on s'étonne que ce doute ſoit reſté impuni, que ſi la douleur arrache à ce fils infortuné des cris d'indignation, on s'étonne que ces cris n'aient pas été punis comme un nouveau crime, de telles idées ſont ſans doute un outrage à l'humanité comme à la raiſon; mais nous laiſſons à l'opinion publique le ſoin de les juger; c'eſt la defenſe de Voltaire ſeul qui doit nous occuper, deffendons un ami avec le même Zèle que Mr. d'Eprémeſnil deffend ſon oncle.

Les tribunaux ſont fermés pour nous; mais il en eſt un qui nous eſt ouvert qui a le Droit de juger toutes les Cauſes & tous les hommes, c'eſt lui qui prononcera entre Voltaire & ſon accuſateur, & grace à cette haine contre un nom illuſtre, le nom de Mr. d'Eprémesnil occupera une fois l'Europe.

Mr. d'Eprémesnil ne veut pas même que le fils du Comte de Lally laiſſe ſubſiſter pour la défenſe de ſon Pere quelques imputations odieuſes contre Mr. de Leyrit; Lally mourant recommande à ſon fils de le Venger, & Mr. d'Eprémesnil évoque l'ombre de Lally pour lui faire ordonner à ſon fils de laiſſer ſa mémoire dans l'opprobre; Mr. de Leyrit a deffendu à Mr. d'Eprémesnil de ſonger à Venger ſa memoire, & Mr. d'Eprémesnil évoque apparemment auſſi ſon ombre pour recevoir un ordre contraire. Nous louons ſon zèle, nous admirons ce talent de ſavoir

ſi

ſi bien ce que penſent les morts, de nous apprendre ſurtout qu'ils veulent dans l'autre monde préciſément le contraire de ce qu'ils vouloient dans celui-ci ; mais Voltaire mérite auſſi que ſa mémoire ſoit deffendu, il n'étoit pas à vingt quatre ans Conſeiller d'un Conſeil ſouverain dans l'Inde, mais à 24 ans il avoit fait Oedipe & la Henriade ; il n'a jamais mérité d'être Gouverneur Marchand de Pondicheri, mais il a fait des ouvrages que l'on admirera encore, lorsqu'on ne ſe ſouviendra plus qu'il ait exiſté une Compagnie des Indes que parce qu'il en a parlé, en ſuppoſant que Mr. de Voltaire & Mr. de Leyrit fuſſent nés dans le même état, (& c'eſt beaucoup ſi on ſonge où l'on alloit ſouvent chercher les Magiſtrats de l'Inde) (*) il s'agit de deux

(*) Pluſieurs de ces Conſeillers ont paſſé dit-on de l'Antichambre dans le Sanctuaire des Loix, d'autres

deux citoyens dont l'un a rempli obscurément un emploi obscur, & dont l'autre a occupé soixante ans l'Europe de sa gloire, dont l'un n'a laissé qu'une fortune acquise légitimement, si l'on veut, & dont l'autre laisse une mémoire immortelle par ses travaux & par ses bienfaits, si la mémoire de l'un

tres s'étant brouillés avec la justice en Europe ont été choisis pour aller l'administrer dans l'Inde, d'autres étoient à la fois & Magistrats & fermiers de la compagnie & grace à la réunion bizare de ces titres ils ont amassé de grandes fortunes. On a accusé ces mauvais choix d'avoir causé la perte de la Compagnie, ils ont empêché du moins de savoir jusqu'à quel point elle pouvoit être utile à l'Etat. Ceux qui voudront apprendre à bien connoitre l'utilité de cet Etablissement peuvent lire le mémoire aussi bien pensé que bien écrit qu'a opposé aux raisonnemens des oeconomistes un homme éloquent qui a su Louër Colbert aussi bien qu'il l'imite, & qui a mérité également d'être comparé par deux Poëtes Philosophes à Montesquieu & à Sulli.

l'un est chere à ses neveux (*), celle de l'autre doit être chere à tous les amis de l'humanité.

La Première raison allegueé pour affaiblir le témoignage de Voltaire en faveur du Comte de Lally c'est qu'il a prononcé sans connoissance de Cause puis qu'il n'avoit pas vû la Procédure, quoi

(*) On a prétendu dans plusieurs Journaux que Mr. de Voltaire avoit laissé des neveux, ce fait est faux évidemment, s'il eut existé des neveux de Mr. de Voltaire, ils n'auroient pas souffert qu'au mépris des ordonnances le curé de St. Sulpice lui refusat la sepulture, ils auroient provoqué contre un Prêtre ignorant & fanatique le zéle des Magistrats chargés de deffendre les droits des Citoyens, & de maintenir l'exécution des Loix du Royaume s'il existoit encore des neveux de Mr. de Voltaire, ils auroient attaqué judiciairement Mr. d'Eprémesnil bien sur que le Parlement de Roüen aime trop la justice pour ne pas leur accorder la reparation d'une injure grossiere faite gratuitement aux cendres d'un grand homme qui fait tant d'honneur à sa patrie & à son siécle.

quoi parceque vous ne permettez pas aux Citoyens de voir ſur quel titre vous décidés de la vie des hommes, parceque vous cachés dans l'ombre les motifs des arrêts, il faudra les respecter comme des oracles.

Lorsqu'un homme accuſé d'un crime a pris la fuite on le juge ſur ce qui parait contre lui, & tant qu'il refuſe de ſe préſenter pour prouver ſon innocence, le tribunal le regarde comme coupable, pourquoi l'opinion publique n'aurait-elle pas le même droit ſur vous, pourquoi ne jugeroit-elle pas les juges d'après ce qu'elle connait puisque les juges lui ont dérobé la connoiſſance du reſte.

Mais d'ailleurs lorsqu'il exiſte des preuves claires de l'impoſſibilité du Crime comme dans l'affaire des Calas, lorsque comme dans celle des Sirven une Sentence offenſe les Lumières les plus ſimples du ſens commun, lorsque comme dans l'affaire d'Abbeville l'arrêt eſt abſolument contraire à la Loi poſitive aux premiéres notions du droit naturel & aux premiers principes de l'humanité, eſt il néceſſaire d'avoir vû la procédure pour s'élever contre de pareils jugemens, pour demander que d'autres tribunaux réparent l'outrage fait à la raiſon & à la nature, ainſi pour avoir droit de reclamer contre l'arrêt qui condamne le Comte de Lally, il ſuffit de lire cet arrêt, il ſuffit d'avoir été inſtruit des atrocités inutiles ajoutées à la Condamnation par une Violation criminelle des Loix & des Droits des hommes, par une violence qui eut été punie dans un pays où les hommes puiſſans ne feraient pas au deſſus des Loix.

On condamne un homme à mort „ pour *avoir trahi les intérêts du Roi*, „ *de ſon Etat*, *& de la Compagnie des* „ *Indes, pour pluſieurs vexations & abus*

„ *d'au-*

„ *d'autorité ;* — Mais si du moins les preuves du Crime sont soustraites à nos regards, que le Crime ne le soit pas, qu'on daigne nous dire ce qu'a fait ce citoyen qu'on traine à la mort, quand vous condamnés un Voleur au dernier supplice votre arrêt porte pour vol Domestique, pour vol avec effraction, & non pour vol simplement, parcequ'il y a des Vols qui ne sont pas punis de mort! mais quelle Loi a porté peine de mort contre ceux qui trahissent les intérêts du Roi, de son Etat, & de la Compagnie des Indes? quel sens précis peut on attacher à ces expressions vagues, ne peut on pas trahir les intérêts de L'Etat, du Roi, & de la Compagnie des Indes sans commettre un Crime capital? un homme fraude des Droits qui sont en régie, il trahit les intérêts du Roi, faut il le punir de mort, un Magistrat (*) s'éleve avec Vio-

(*) On a oui dire que ce Magistrat étoit Mr. d'E-

Violence dans une aſſemblée de Chambres contre des Loix dictées par la juſtice & L'humanité du Prince, contre des Loix qui font le bien du peuple & la prospérité de l'Etat. Cet homme trahit certainement les intérêts de l'Etat le condamnerez vous à la mort ? un homme dévoile les abus de la Compagnie des Indes, le mal qu'il croit que ſon privilége a fait à la Nation, il ſe trompe de bonne foi, mais il trahit les intérêts de la Compagnie des Indes, mérite t-il la mort ? ces mots ſeuls *l'Etat & la Compagnie des Indes*, cette aſſociation (qu'on n'oſe qualifier dans un ſujet ſi grave) du nom ſacré de la patrie avec celui d'une Compagnie de marchands ne ſuffiroit elle pas pour faire reconnaitre ceux que la voix publique accuſe d'avoir dicté l'arrêt.

Tou-

d'Epréméſnil & qu'il s'agiſſait de l'édit pour la ſupreſſion des corvées.

Toutes les vexations, tous les abus d'autorité doivent ils être punis de mort ? Si un Magiſtrat qui a des dettes ſe ſert du crédit de ſa place pour ſe ſouſtraire aux pourſuites de ſes créanciers, S'il intimide les huiſſiers, S'il les empéche de le citer devant les tribunaux, C'eſt vexation, C'eſt abus d'autorité, croiez vous que ce Crime doive être puni de mort; montrés nous donc de quel crime digne de mort le Comte de Lally s'eſt rendu Coupable, pourquoi ſi ce Crime eſt je ne dis pas prouvé mais vraiſemblable mais poſſible, ne l'avoir pas révélé. Qu'elle eſt donc cette juſtiçe qui traine au Supplice un homme dont ni les juges ni les accuſateurs ni les ennemis n'oſent ſpécifier le Crime : qu'avoit il donc de ſi terrible à révéler cet homme à qui dans ſes derniers momens vous enlevés la liberté de faire entendre ſa voix. Vous le Condamnés à mort, vous cachés jusqu'à ſon Crime vous craignez que le peuple qui l'entoure n'entende un mot de ſa deffenſe & vous vous étonnés qu'on ôſe vous demander compte de ce jugement ; tous les droits des hommes & des citoyens, L'humanité, la juſtice ſont violés par vous, c'eſt avec le mépris pour les hommes, pour vos concitoyens que vous vous joués de notre vie, de notre honneur & vous voulez nous forcer à vous respecter en ſilence.

Que Lally ſoit innocent ou non vous êtes coupables ; L'Europe vous a Condamnés à un opprobre qui ne s'effacera jamais, & la juſte Vengeance du Dieu de l'humanité a ſuſcité contre tous cet homme dont les écrits ſurvivront aux préjugés & aux empires.

Vous dites, Monſieur, que les désaveux ne coutaient rien à Mr. de Voltaire ; il eſt difficile de voir ce qu'a de commun ce reproche avec la Mémoire de Mr. de Leyrit qui vous eſt ſi chere

mais

mais qui vous a dit que les dèſaveux ne coutaient rien à Mr. de Voltaire ? Sans doute un homme de bien ſouffre d'être obligé de dèſavouer ce qu'il a fait avec des intentions droites & pures! mais lorsque ce dèſaveu eſt neceſſaire à ſon repos, au bien même qu'il veut faire, il a le courage de s'y reſoudre: il s'y détermine ſans remords, mais avec indignation, comme on plie ſous un pouvoir injuſte qu'on ne peut braver.

Daignez, Monſieur, conſulter les Peres de l'Egliſe —— les publiciſtes, vous y verrez l'apologie de ces dèſaveux. La morale n'ordonne pas à un homme qui ſe trouve au milieu des fous, de heurter leur folie, elle ordonne encor moins à un médecin de leur dire des Vérités qui expoſeraient ſa vie & les rendraient furieux. „*Res-* „ *pectés toujours la Vérité devant moi,* „ *ne me niez jamais les bonnes actions*

„ *que je veux punir par ce qu'elles sont*
„ *contraires à mes intérêts afin que*
„ *j'aie plus de facilité à vous opprimer.*
„ Telle eſt, Monſieur, la morale que
„ prêchent ceux qui s'élevent ſi vivement contre les déſaveux dès qu'ils leur arrachent des Victimes. Les Cours Souveraines ne ſuppriment-elles pas quelquefois par un Arrêt les mêmes remontrances qu'elles ont rendues publiques? Seroit-il poli, feroit il juſte de dire, les Cours Souveraines à qui les dèsaveux ne coutent rien.

Je viens, Monſieur, à votre dernier reproche, il eſt vraiment accablant, vous invoquez contre Voltaire en votre faveur, Vous vous flattés
„ *d'avoir le ſuffrage des Peres ſages, des*
„ *Meres judicieuſes, des Epoux vertueux, des Amis ſinceres, des Auteurs*
„ *citoyens, des Magiſtrats incorruptibles, des Souverains prévoyans, de tous*
„ *ceux en un mot pour qui les Mœurs*

„ *ſont*

„ *font encor que'que chofe.* Si vous ne vous êtes pas trompé, Mr. Voltaire eft coupable. Il faut bruler fes livres, non pas en place publique, cependant fuivant l'ufage inventé par Tibère dans un temps ou les exemplaires d'un Ouvrage étoient en petit nombre, & qui n'eft plus qu'une farce ridicule depuis qu'on ne détruit pas les Livres qu'on brule. Mais voyons fi vous avés été jufte. Des Gens qui vous connaîtraient moins pourraient fuppofer que cette phrafe n'eft qu'une énumeration oratoire, que vous avez invoqué contre Voltaire tout ce que vous croiez de plus refpectable, fans fonger fi tout ce qui compofe cette Lifte, devoit en effet s'élever contre lui; mais ce ferait vous faire injure, vous avez fûrement péfé vos termes & cette juftice que je dois vous rendre, m'oblige de discuter féparement chaque Article.

1. *les Amis sincères.*

Il seroit difficile de citer un Ecrivain qui depuis Montagne eut aussi bien parlé de l'Amitié que Mr. de Voltaire, auriez vous le malheur de n'avoir jamais lû ces vers qui sont dans la bouche & dans le cœur de tous les hommes sensibles.

Pour les cœurs corrompus l'amitié n'est point faite.
ô Divine amitié! felicité parfaite,
Seul mouvement de l'ame, où l'excès soit permis,
Change en bien tous les maux où le Ciel m'a soumis!
Compagne de mes ans, dans toutes mes demeures
Dans toutes les Saisons, & dans toutes les heures
Sans toi tout homme est seul; il peut par ton appui
Multiplier son être & vivre dans autrui.
Idole d'un cœur juste, & passion du sage
Amitié, que ton nom Couronne cet ouvrage,
Qu'il préside à mes vers comme il regne en mon cœur
Tu m'appris à connaître à chanter le bonheur.

Comment si vous connoissés les vers sur Mr. de Maisons, sur Mr. de Génonville, si vous connoissés le vertueux

tueux Mornai, le ſage Couci, avez vous pu croire que les amis ſincères s'éleveroient avec vous contre l'Auteur de la Henriade & d'Adelaïde. reliſez-ou plûtot liſez Voltaire & vous effacerez les amis de cette terrible liſte.

2e *Les Peres Sages.*

Le peintre d'Alvares, de Zopire & de Philippe Humbert a trop bien exprimé les ſentimens de la nature, a rendu les Viellards trop intéreſſants ſur le théatre pour ne pas intéreſſer les Peres à ſa cauſe. Mais vous avez entendu ſans doute que les Peres devoient craindre pour leurs Enfans la Lecture de Voltaire. Ah! Monſieur la Henriade, ces tragédies ſi remplies d'une morale douce & forte, cet eſſai ſur l'Hiſtoire Générale qui reſpire à chaque page l'humanité, la raiſon, & la tolèrance, ces diſcours ſur l'homme, ce poëme de la Loi naturelle dont la morale eſt ſi vraie & la Philoſophie ſi tou-

touchante, si simple, si usuel, plaignons les Peres qui ne mettront pas ces ouvrages entre les mains de leurs enfans. Il est d'autres écrits de Voltaire qu'ils leurs cacheront peut-être, mais c'est pour un tems, pour le moment de l'éducation ou l'on ne doit ni tout voir ni tout entendre, surtout dans les pays où la raison, les loix, l'honneur, la morale, l'opinion sont si souvent en contradiction, où il est nécessaire de distinguer ce qu'il faut respecter de ce qui est respectable, ce qu'il est permis de dire de ce qu'on doit penser, aussi dans ces pays le bonheur des hommes exige qu'on écrive des choses que les enfans ne doivent pas lire. Croiez vous Monsieur, qu'un Pere sage n'aimat pas mieux voir entre les mains de son fils les contes de Voltaire que ceux de la fontaine ou les Epigrammes de Rousseau, qu'il ne vit pas avec quelque consolation son fils emporté par l'age, li-

livré à ſes paſſions, inappliqué, trouver dans les romans ou les contes de Voltaire, une inſtruction utile cachée ſous le voile du plaiſir.

. Croiez vous qu'un Pere ſage qui verroit ſon fils livré à des fanatiques n'aimeroit pas mieux le mener à une repréſentation de Mahomet qu'à un ſermon du Jéſuite Beauregard. (*)

Croiez vous qu'un Pere qui verroit ſon fils entiché des ſottiſes antiques, célébrer les principes barbares de nos ignorans ayeux comme le terme des progrès de l'eſprit humain, regretter leurs

(*) On nous a rapporté qu'un jour ce Beauregard ſécriait dans une de ces Capucinades : *on nous accuſe d'intolérance & ne ſçait on pas que la charité a ſes fureurs & que le Zéle a ſes vengeances.* Voilà de ces phraſes qui meriteroient mieux que les oeuvres de Voltaire d'être dénoncées *aux ſouverains prévoyans, aux Magiſtrats incorruptibles & aux peres ſages.*

leurs Mœurs féroces & corrompues, leur fanatisme, leur intolerance, haïr tout ce qui est nouveau & brillant, tout ce qui est simple & vrai, tout ce qui raméne les hommes à la raison & à la nature, qui soupçoneroit même que son fils n'est ennemi des nouveautés utiles que pour se faire un parti parmi les sots & les fripons, croiez vous qu'il ne lui donneroit point un Exemplaire de Voltaire, comme un des remédes les plus agréables & les plus surs, comme le meilleur moyen de l'eclairer ou de le corriger.

3°. *Les Meres judicieuses.*

Je montrerai Merope & Idamé aux meres tendres & elle pardonneront à Voltaire.

4°. *Les Epoux vertueux.*

Les époux vertueux seront portés à excuser l'Auteur de l'Orphelin de la Chine. Croiez vous que quelques plaisanteries sur l'adultére les allarmeront

beau-

beaucoup, non, Monſieur, dans un pays où le Divorce n'eſt point permis, où l'on ne conſidére dans le Mariage que des convenances d'état & de fortune, ou les Epoux ne ſe voient qu'un moment avant de s'unir pour toujours, où l'inégalité des fortunes offre tant de facilités aux hommes voluptueux, dans un tel pays l'adultére eſt néceſſairement un crime très commun, il l'étoit autant & plus encore que parmi nous, chez nos dévots ayeux, quoiqu'ils ne ſçuſſent ni lire ni écrire. Mais ce crime a des degrès, donner à ſon Mari des enfans étrangers, eſt un plus grand mal que de violer ſeulement la foi qu'on lui a promiſe. Cette jalouſie conjugale née de l'orgueil & de l'autorité plûtot que de l'amour, peut devenir une ſource de crimes.

Qu'un mal qu'on ne peut éviter, ſoit donc le moindre qu'il eſt poſſible, & ſi nous n'avons pas des mœurs ſévéres,

res, conſervons du moins des mœurs douces; ſi nous avons perdu la pureté, que du moins la paix nous reſte, ſi une vertu nous manque, ne nous croions pas autoriſés à les perdre toutes, qu'une femme qui a une faute à ſe reprocher ne ſe voie point confondue dans l'opinion avec une femme ſans mœurs, qu'elle croie avoir le droit d'avoir encore des vertus, que ſi elle n'eſt pas une Epouſe fidéle elle ſoit pour ſon mari une amie attentive, une compagne utile, & ſurtout une bonne mere pour ſes enfans. Voilà ce qu'un excès de ſévérité pourroit empêcher, voilà ce que Mr. de Voltaire vouloit conſerver, voilà l'objet de ces Articles ſur le Divorce, ſur l'adultére dont les plaiſanteries vous ont allarmé; mais de bonne foi, Monſieur, voudriez vous que tous ceux qui ont commis des adultéres hommes ou femmes fuſſent déshonorés ou prenpendu, feriez vous de l'Avis du Docteur Allen qui vouloit abſolument qu'on mit au Carcan pour le moins tous les fornicateurs; croiez vous que ſi Mr. de Leyrit revénoit au monde il approuveroit votre exceſſive ſévérité.

Daignez obſerver, Monſieur, qu'un des objets les plus importans de la morale eſt de ne pas intervertir l'ordre naturelle des fautes; l'hypocriſie, l'intrigue, l'ambition, la fureur de tout troubler pour faire parler de ſoi, la préférence accordée aux intérêts du corps où l'on a une place, ſur le bien général, la perſécution ou publique ou cachée contre les ennemis de nos préjugés &c..... Voilà, Monſieur, des vices qui excluent toutes les vertus, qui ſont incompatibles avec les talents ou les rendent nuiſibles, qui ne permettent de rien eſperer de ceux qui s'y ſont une fois livrés; Voilà

Monsieur, des vices bien plus grands, que le gout de la volupté & toute morale où l'on seroit indulgent pour les vices de ce genre, & où l'on feroit un grand crime d'aimer le plaisir, seroit une morale vraiment corrompue, vraiment nuisible, & si cette morale existe quelque part on doit remercier ceux qui s'en mocquent. N'y a t-il pas du danger pour la morale à donner une valeur excessive à la pureté des mœurs, a regarder comme la premiére des vertus comme une vertu sans laquelle les autres perdent leur prix, précisement celle de toutes qu'il est la plus aisé de feindre, & ce qui est pis encor une vertu qui n'en suppose aucune autre, que les hommes vils, avides, cruels peuvent porter au plus haut dégré sans en devenir meilleurs.

N'y a-t-il pas du Danger à inspirer une terreur exagerée pour des fautes qui

qui ſemblent appartenir ſurtout aux imaginations vives & aux ames foibles, pour des fautes dont ſi peu d'hommes ſont exempts, que d'infortunés dont l'ame troublée par des vains remords s'affaiſſe, ſe rapetiſſe, perd ſon énergie & ſes vertus & qui passent a pleurer aux pieds d'un prêtre le tems, qu'ils devroient à la Société. Que d'hommes troublés par la crainte qu'on leur a inſpirée ſongent moins à réparer le mal réel qu'ils ont pû faire par leurs foibleſſes, qu'à obtenir du ciel leur pardon. Au prix que les prêtres veulent y mettre, que d'hommes trompés par des fanatiques ont commis des crimes pour expier des foibleſſes. Le Comte du Bouchage libertin étoit un ſujet fidele, frere ange de joyeuſe fut un ligueur furieux, on ſçait par quel crime Jean Chatel eſpéra mériter le pardon des débauches de ſa jeuneſſe : c'eſt en exagerant la ſévérité du ciel pour les fautes de mœurs que dans les temps d'ignorance, d'austérité & de débauche les prêtres étoient parvenus à troubler toutes les consciences, à regner sur tous les esprits, à bouleverser l'Europe entière.

L'opinion condamne avec sévérité les foiblesses des femmes, la Loi les traite avec barbarie, la Loi laisse les hommes impunis, eux mêmes sévissent contre les fautes, dont ils sont les instigateurs & les complices, ils déclament contre ceux qui parlent de ce qu'ils se permettent de faire, & ils appellent cela avoir des mœurs; n'est il pas permis, Monsieur, d'attaquer par des plaisanteries cette hypocrisie barbare.

Enfin si des plaisanteries un peu libres peuvent servir à rendre ridicule, à détruire par cette arme si puissante des absurdités qui sont devenues la source

la

la plus féconde des maux de l'humanité, le peu de mal que ces plaisanteries peuvent faire n'est il pas plus que compensé ; songez d'ailleurs à cette foule d'hommes sans principes qui n'ont pas eu une Ame assés forte pour réparer le vice de leur Education, n'est il pas utile de leur inspirer du moins quelques idées d'humanité, de raison, de tolérance; n'est ce pas rendre service au genre humain que de renfermer ces raisons dans les seuls Livres qu'ils puissent lire, les premiers chapitres des avantures de Jenni leur feront lire l'ouvrage entier, & ils y trouveront à la fois & les meilleurs preuves de l'existence d'un être suprême & une exposition touchante des principes de la morale universelle.

Voltaire dans des morceaux de Philosophie s'est permis de présenter des images quelquefois grossieres, mais elles ne viennent pas de lui & il ne les ré-

répéte que pour dévouer les ouvrages dont il les a tirées, les hommes qui les ont emploiées à tout le mépris qu'ils meritent; il s'eſt permis des plaiſanteries, mais ce ne ſont point les mœurs, c'eſt l'hypocriſie des mœurs qu'il tourne en ridicule; croiez que s'il n'avoit bleſſé que les mœurs, on auroit eu pour lui plus d'indulgence.

On trouve dans les contes & les romans de Voltaire des images voluptueuſes, mais aucune de ces peintures licentieuſes qui peuvent corrompre l'imagination; il ne plaiſante point ſans ceſſe à l'exemple du bon la Fontaine ſur les maris trompés par leurs femmes parce qu'il ne veut point encourager un crime réel & nuiſible à la ſociété; mais cette retenue n'eſt point en contradiction avec les plaiſanteries ſemées dans ſes autres ouvrages, parce qu'il y a une grande différence entre encourager une action & combattre

tre les excès dans lesquels l'on peut tomber en la condamnant, la présenter comme indifférente ou montrer que l'indulgence est le moyen le plus sur d'en diminuer les suites funestes.

Supposons maintenant qu'il fut à désirer que Voltaire eut supprimé toutes les plaisanteries, toutes les peintures voluptueuses qui se trouvent dans ses Ecrits; eh bien quelques pages de trop empêcheront elles de rendre justice à tant d'ouvrages d'une morale si vraie si utile au genre humain, les foiblesses de Titus, de Trajan, d'Aristide, d'Epaminondas vous empêchent elles de les placer au rang des héros & des sages (*). Pour détruire les mau-

(*) Il n'y a qu'un ouvrage de Mr. de Voltaire, où l'on ait trouvé des traits vraiment licentieux, mais 1o. une partie de ces traits n'étoient pas de lui, ils avoient été ajoutés à son ouvrage par un ex-

mauvaises mœurs il faut en ôter la cause, & quelle est elle, il n'y en a qu'une, les mauvaises Loix; si dans aucun grand pays, il n'y a eu jusqu'ici de bonnes Mœurs, c'est que nulle part il n'y a eu encore de bonnes Loix. Ainsi, Monsieur, le véritable corrupteur des mœurs seroit l'écrivain qui se rendroit l'Apologiste de ces loix absurdes qui sont nées de l'ignorance dans les tems de barbarie & que des vues d'une politique fausse & tirannique conservent dans des tems de lumiere & de raison. Ainsi l'Ecrivain dont les ouvrages auroient avancé de quelques années une réforme dans les Loix de la nation, eut il fait cent Epigrammes obscénes, meritе-

excapucin nommé Maubert & par la Beaumelle 2°. M. de Voltaire a eu soin de retrancher ceux qui lui étoient échappés lorsqu'il a fait imprimer son ouvrage. Les premières Editions avoient été faites d'après des Manuscrits qui lui avoient été volés.

riteroit la reconnoiſſance *de tous ceux pour qui les mœurs ſont encore quelque choſe.*

5. Les Magiſtrats incorruptibles.

Y avez vous penſé, Monſieur, eſt-ce que Mr. de Voltaire a conſeillé aux Magiſtrats de ſe laiſſer corrompre? eſt-ce qu'on déplait aux Magiſtrats incorruptibles en écrivant contre le fanatisme, en discutant les abus des Loix, eſt-ce que M. M. de Malsherbes, la Chalotais, Dupati, Caſtillon, de Morveau, du Séjour &c. qui ont donné à Mr. de Voltaire des marques non équivoques de leur eſtime & qui ont daigné paroître flattés de la ſienne ne ſont pas des Magiſtrats incorruptibles: Ah, Monſieur tachez d'égaler un jour leurs lumières & ſurtout leurs vertus.

6. *Les Auteurs citoyens.*

Qu'entendez vous par ce nom, Monſieur, ſont ce les Fréron, les Groſſier, les Sabatier, les Labeaumelle, les Royon, les Fontenay, les Aubert &c. &c. aſſurément ceux là ſeront de votre avis, en êtes vous flatté? un auteur citoyen, Monſieur, eſt un homme qui ſans place, ſans intrigue dit à ſes concitoyens les vérités qu'il croit utiles, attaque avec courage les préjugés funeſtes, éleve la voix contre les abus quelques puiſſans qu'en ſoient les protecteurs, & exmine les vices des Loix de ſon pays & en demande la réforme, discute les principes de l'adminiſtration publique dont dépend le bonheur des nations, fait retentir les noms ſacrés d'humanité & de juſtice, de tolérance & de liberté, cherche la vérité & le bien du peuple, oublie devant ces grands objets tous les intérêts

rêts particuliers de Corps, d'Etat, sent que son zéle ne sera récompensé que par la calomnie & la persécution, & n'en a que plus de zéle.

Les Auteurs citoyens sont en petit nombre & ce n'est pas contre Voltaire qu'ils écrivent.

7. *Les Souverains prévoyans.*

Quel est donc ce danger caché dans les ouvrages de Voltaire que vous dénoncés aux souverains? le Roi de Suède honoroit Voltaire de sa correspondance & de ses bontés. l'Impératrice de Russie a crû que la bibliotheque de ce grand homme étoit digne d'être l'ornement de son palais & elle a voulu que le tableau de la retraite de Voltaire embellit ses jardins, le Roi de Prusse à composé l'éloge de Voltaire à la tête de son armée & l'a fait lire publiquement dans son Académie; j'ignore re jusqu'à quel point ces princes manquent de prévoyance; mais, Monsieur, quelque etude que vous ayez fait de la politique, quelque talent naturel que vous ayez reçu, eussiez vous même profité de l'expérience de votre oncle le Gouverneur de Pondicheri, vous pourriez difficilement vous flatter de surpasser en prévoyance le vainqueur de Molwits & de Lissa, le pacificateur de l'Europe, croiez vous qu'il n'ait pas fallu autant de prévoyance à L'impératrice de Russie pour envoyer une flotte de Pétersbourg gagner des Batailles dans L'Archipel qu'à vous pour aller en poste à Roüen plaider contre Mr. le Comte de Lally, il me semble qu'un souverain prévoyant verrait que si Mr. de Voltaire a défendu avec courage la cause de l'humanité contre la tyrannie, il a defendu avec non moins de zèle la Cause des Rois contre Rome & le Clergé; que ceux qui excommumunient les Rois qui prétendent au Droit de les priver du trône, dont la politique a soulevé leurs Etats, dont les cris fanatiques ont tant de fois armés contre les princes le bras des assassins n'ont jamais eu d'ennemi plus dangereux & plus implacable.

Un souverain prévoyant appercevrait que Mr. de Voltaire en déffendant les droits des hommes, n'a jamais attaqué ceux des Rois, qu'on ne trouve point dans ses ouvrages les maximes républicaines qui combattent la légitimité du pouvoir d'un seul & fixent la limite de ses droits, qu'au contraire favorable à l'autorité royale, il regarde en général les corps intermédiaires, ce mélange d'une Aristocratie inquiette & Anarchique moins comme une barriere contre l'autorité arbitraire que comme une autre autorité non moins arbitraire & plus dangéreuse parce qu'elle est agitée par de

plus

plus petites passions. Un souverain qui verroit tout cela pourroit bien avoir assez de prévoiance pour n'être pas de votre avis.

8. *De ceux pour qui les Mœurs sont encore quelque chose.*

Quelle condamnation Monsieur, & contre les Souverains du nord & contre les Magistrats respectables que je vous ai déja cités, & contre cette foule d'hommes, de femmes de tout état, de tout rang qui ont prodigué à Mr. de Voltaire des temoignages de leur admiration, je crains bien que même parmi vos juges il n'y en ait plusieurs que cette terrible sentence n'ait flétris. Pensez vous donc, Monsieur qu'on ne puisse avoir des mœurs & ne pas s'élever avec vous contre un homme qui a défendu un autre homme qui a dit autrefois du mal de votre oncle.

Ceux

Ceux poûr qui les mœurs sont *encore* quelque chose —— Ah Monsieur cet *encore* détruit tout l'effet de votre phrase ; quoi vous croiez *encore* aux contes que vous a fait votre Nourrice sur la pureté des mœurs du vieux tems. regrettés vous Monsieur la chasteté de la cour de Frèdégonde, admirez vous les mœurs pures de nos Croisés, aimeriez vous mieux les mœurs du tems de Charles Six que les notres ; les processions de François I. & de Henri II. & les dévotions de Henri III ; & les histoires que Brantome raconte des honorables Dames du tems de Charles IX, & ces péchés galants qu'on croioit effacer en massacrant des hérétiques, tout cela vous paroit-il bien édifiant ? avez vous oublié la liste des Courtisanes qui arriverent à Constance à la suite du Concile & à qui les Peres donnerent le Divertissement de voir bruler Jean Hus ? ne vous sou-

ſouvenez vous plus des fêtes qu'Alexandre VI. donna aux nôces de ſa fille, ce ſiècle n'eſt il pas le premier depuis la deſtruction de l'Empire Romain où l'on ait vû conſtamment la décence & les mœurs ſur le Trône pontifical? liſez les mémoires originaux, les lettres des hommes qui ont vêcu ſous les quatre derniers regnes, comparez ce temps avec le nôtre & jugez.

„ *Vers la tombe de Voltaire s'avan-*
„ *ce à pas lents mais ſurs, la poſtérité qui*
„ *dans l'Ecrivain le plus vanté cherchera*
„ *vainement un homme de bien.* (*)

Je

(*) Mr. D'Epiémesnil a déclaré dit-on que ce n'eſt pas au citoyen mais à l'Ecrivain qu'il refuſoit le titre d'homme de bien & que d'ailleurs il ne prend *homme de bien* que dans le ſens *d'homme religieux*, d'où il reſulte 1. que François Marie Aroüet eſt un homme de bien, & que cependant l'Auteur de la Henriade & de Mahomet n'eſt pas un homme de bien. 2. que François Marie Aroüet avoit de la Religion comme citoyen & n'avoit pas de

Je ſuis bien moins digne que vous de ſervir d'interprête à la poſtérité; mais la poſtérité lira les ouvrages de Voltaire, & il me ſemble qu'elle pourra dire Voltaire a écrit pendant ſoixante ans & dans tous ſes ouvrages il a défendu la Cauſe de l'humanité, les Poëtes avoient trop célébré les vertus guerrieres, il a été l'Apôtre de la paix; l'intolérance regnoit dans l'Europe, & il a été l'Apôtre de la tolérance; l'inquiſition a ceſſé d'être ſanglante, la liberté a été rétablie en Suède, en Ruſſie dans le Brandebourg, la tolérance a fait des progrès dans les états de la

de bien. 2o. que François Marie Arouet avoit de la religion comme citoyen & n'avoit pas de religion comme écrivain. 3o. Enfin que la poſtérité cherchera vainement un homme religieux dans Mr. de Voltaire; & c'eſt pour faire cette belle découverte qu'on fait s'avancer a pas lents mais ſurs la poſtérité vers la tombe de Voltaire.

la maiſon d'Autriche & les ouvrages de Voltaire ont acceléré cette heureuſe révolution. Des Codes barbares regnoient ſur toute l'Europe & il a écrit pour détruire ces reſtes de barbarie, il a défendu les Rois contre les hypocrites qui armoient la religion contre le trône & contre les fanatiques qui les poignardoient; il a défendu les peuples & contre les prêtres qui les trompent pour les dépouiller, & contre les tyrans ſubalternes qui trompent les Rois, pour opprimer les ſujets, & contre les Magiſtrats qui font du Miniſtère des Loix un inſtrument d'intrigue ou de perſécution.

Si des malheureux étoient opprimés par l'injuſtice, il les défendoit ſans craindre de s'expoſer à la haine des oppreſſeurs; il a rendu à Sirven ſon état & ſon honneur, il a reparé dans le malheur de Calas tout ce qui n'étoit pas irréparable: une victime échappée

aux

aux fanatiques d'Abbeville a trouvé par ses soins un azile auprès d'un prince ennemi du fanatisme. Cent familles ont subsisté de ses bienfaits, il ne s'est pas fait une chose utile pendant sa vie qu'il ne l'ait ou sollicitée par ses écrits ou défendue contre les préjugés qui s'y opposoient.

Pendant six ans l'affaire de Calas & des Sirven l'occupa tout entier; *pendant tout cet espace de temps*, disoit-il, *il ne m'est pas échappé un sourire que je ne me le sois reproché comme un crime*, enfin ses dernieres paroles ont été *je meurs content j'ai vû que mon Roi aime la Justice.* voilà, Monsieur, ce que la postérité verra non dans les éloges de Voltaire mais dans ses ouvrages; & lorsque dans des tems plus reculés les erreurs qui ont forgé les chaines de toute espèce sous lesquelles le monde entier gémit, lorsque les préjugés qui ont couvert l'Europe de sang & de buchers auront disparu, lorsque ces absurdités, ces atrocités ne seront plus connues que par l'histoire, lorsque l'histoire apprendra que Voltaire a ôsé le premier porter des coups certains au génie destructeur de l'humanité, croiez vous que la postérité prononcera sans respect ce nom que vous outragez? elle jugera qu'il n'a eu pour ennemis que des hommes à qui il a voulu arracher ou des dupes ou des victimes.

Félicitez vous, Monsieur, d'avoir contre vous Voltaire & ses admirateurs, c'est-à-dire, l'Europe entière. Mais cessez de vous vanter de défendre la cause de la Magistrature (*). On

(*) Il y a des hommes qui ne peuvent jamais aller seuls, ont ils un Procès, leur cause est celle du Parlement, de la Magistrature, du Clergé, ont ils un ennemi, c'est l'ennemi des Loix, des Rois, de Dieu même, souvent ce manége a réussi; par exemple Démarets de St. Sorlin, qui étoit jaloux de

On a ôſé autrefois préter à un Magiſtrat cette maxime coupable, *il y a plus de*

de ce que Morin oſoit être auſſi fou que lui, cria tant que Morin étoit un impie qu'il parvint à le faire bruler.

Mais Mr. d'Eprémesnil ne perſuadera à perſonne que le Parlement de Paris ait déſiré ait même ſeulement approuvé qu'il ſe chargea de le défendre devant le Parlement de Roüen, on ne peut le croire ſans faire injure au Parlement de Paris, ſans ſuppoſer qu'il ſe ſoit écarté de cette impartialité de cette modération de cette dignité de conduite qui le font reſpecter à ſi juſte titre. l'Arrêt du Comte de Lally n'eſt pas le ſeul de ſes arrêts qui ait été caſſé: ſi la mémoire du Comte de Lally, eſt réhabilitée cet arrêt ne ſera pas le ſeul arrêt injuſte que le Parlement ait rendu; ſans parler de ces arrêts qui lui ſont échappés dans des tems de fanatiſme & de troubles, & dont on ne s'imaginera point ſans doute que le Parlement veuille conſacrer les principes, le Parlement n'a t-il pas été le premier à reconnoître l'innocence de Langlade & de le Brun, n'a t-il pas avoüé qu'il avoit été trompé dans le Procès du premier parce que l'inſtruction avoit été faite par un juge prévenu, & dans le Procès du ſecond parce-

de Magiſtrats, *que de Calas*, & l'on répondit, *il y a plus d'hommes que de Magiſtrats.* Si votre cauſe eſt celle du Parlement, alors celle du Comte de Lally devient la cauſe du genre humain. Si au lieu d'attendre en paix le jugement d'un homme que quelques uns

qu'on s'étoit laiſſé ſéduire par quelques uns de ces indices ſi impoſans & ſi ſouvent trompeurs. Le Parlement s'eſt-il oppoſé à la juſtice qui a été rendue à la mémoire de ces infortunés, pourquoi adopteroit il aujourd'hui d'autres principes? s'il croit avoir bien jugé; il doit avoir confiance en la juſtice du Parlement de Normandie, s'il croit avoir été entraîné dans l'erreur, il doit déſirer que le Parlement de Roüen repare une injuſtice involontaire, la plupart même des juges de Lally ſont malheureux ſans être coupables. lorsque l'inſtruction eſt ſecrette, le ſort d'un accuſé dépend d'une ou de deux perſonnes qu'il eſt aiſé à des intriguants habiles & accrédités de tromper ou de prévenir, un des deux commiſſaires du Comte de Lally a joui & avec juſtice pendant toute ſa vie de la réputation d'un Magiſtrat intégre, auſſi éloigné de l'intrigue que de la foibleſſe.

uns de ses membres ont condamné par un arrêt vicieux dans sa forme, la Magistrature se rend la persécutrice, de la mémoire de sa victime ; alors tous les hommes doivent voir dans cette conduite une ligue formée contre leurs droits, tous par intérêt comme par devoir doivent se réunir avec le Comte de Lally.

Vous prétendez, Monsieur, que Mr. de Voltaire a dit *que tout le monde avoit droit de tuer Lally excepté le Boureau.* 1° Ce mot n'est pas de Voltaire. 2° ni Voltaire ni le Philosophe qui a dit ce mot ne se seroient jamais avisés de dire *que tout le monde avoit droit de tuer Lally*, mais que *Lally méritoit d'être tué par tout le monde excepté par le Boureau*, ce qui est très différent, un homme en a insulté un autre, l'offensé se bat avec lui & le tue, *il le méritoit bien* dira t-on, mais depuis que le combat judiciaire, cette Loi sacrée de nos peres a été abolie, on ne peut

 plus

plus dire que l'offensé a le droit de tuer.

3°. Il n'y a eu jusqu'ici que vous & feu Mr. Freron qui n'ayez pas entendu ce mot si clair. M. Freron y voyoit le Conseil d'assassiner Lally, vous y voyez l'aveu que Lally avoit commis un crime capital. mais je m'arrête, *quand on est réduit à expliquer des choses si claires on est sur de n'être jamais entendu:* dit Montesquieu.

Vous voyez, Monsieur, que je n'ai laissé sans réponse rien de ce que vous avez allégué contre Voltaire. L'infortuné Lally trouvera dans son généreux fils un défenseur plus digne d'une si grande cause, un défenseur vraiment éloquent puisque la nature lui a donné une tête froide & une ame passionnée; il ne prend pas des points interrogants pour des mouvemens oratoires, il ne supplée pas avec des rangées de points

au

au vuide des ſentimens ou des idées.

Ah Monſieur, au lieu de vous Elever contre Voltaire, liſez ſes ouvrages, ils vous inſtruiront, vous pourrez y prendre des Leçons de ſtile, y apprendre à ſentir la difference qu'on doit mettre entre un homme qui écrit pour exprimer ce qu'il penſe & ce qu'il ſent, & un auteur qui veut faire effet en compilant des phraſes & des figures de Collége: vous y prendrez des leçons de l'Art des convenances, vous ſentirez par exemple combien vous les avez bleſſées en diſant que l'honneur de la Magiſtrature étoit intéreſſé à ce qu'un arrêt fut confirmé; parce que c'eſt l'innocence ou le crime du Comte de Lally & non l'intérêt du Parlement qui doit décider les juges & que jamais un plaideur honnête ne dit à ſon juge, vous etes intereſſé à me faire gagner ma cauſe; vous ſentirez qu'il eſt encore plus contraire aux convenannances de dire que les Loix feront renverſées ſi un arrêt caſſé par le conſeil n'eſt pas confirmé : vous y prendrez enfin des leçons d'humanité & vous ſentirez alors quelle modération, quelle réſerve vous devez mettre dans votre attaque contre un fils qui défend ſon pere, combien il eſt barbare de lui préſenter ſans ceſſe l'image de ſon pere trainé ſur un échafaud, de lui parler ſans fin de bourreau & de ſupplice, vous apprendrez dans Voltaire à étudier nos Loix dans leurs rapports avec la morale univerſelle, avec les droits des citoyens, vous y apprendrez que cette miſérable politique qui attache les petits esprits aux préjugés de leur corps, les condamne à être éternellement & ſans le ſavoir l'inſtrument des intriguants habiles; vous y verrez les fanatiques, les enthouſiaſtes de tous les genres ſe laiſſer conduire dans chaque ſiècle par deux ou trois fripons

& finir par être un objet de mépris & d'horreur.

Rendu alors à vous même, à la Justesse originaire de votre esprit, à la droiture naturelle de votre cœur, vous sentirez que ce qu'il y a dans votre état de plus respectable, c'est le droit de juger les hommes, & non le moyen de jouer dans les intrigues de la Cour un rôle subalterne, que votre devoir est de faire respecter la justice & non de rendre la Magistrature redoutable. Vous ne verrez plus les ennemis de la Magistrature dans les mêmes hommes qui se sont faits des ennemis puissans & implacables en défendant les la Chalotais & les Dupati dans des tems malheureux, qui ont honoré avec enthousiasme la vertu modeste de Mr. de Malsherbes, qui ont célébré le courage du jeune Magistrat qui s'est rendu le défenseur des protestans opprimés sous des Loix cruelles, vous sentirez que le le même sentiment qui les porte à chérir & respecter les Magistrats vraiment dignes de ce nom, a dû les porter à mépriser des Magistrats hypocrites & intriguants, à détester des Magistrats fanatiques & barbares : vous verrez quels modeles vous devez suivre & quels exemples vous devez éviter pour obtenir un jour l'estime publique la plus flatteuse ; celle qui s'accorde moins aux talens en eux mêmes qu'à l'usage utile & noble qu'on fait des talens.

Défauts constatés sur le document original

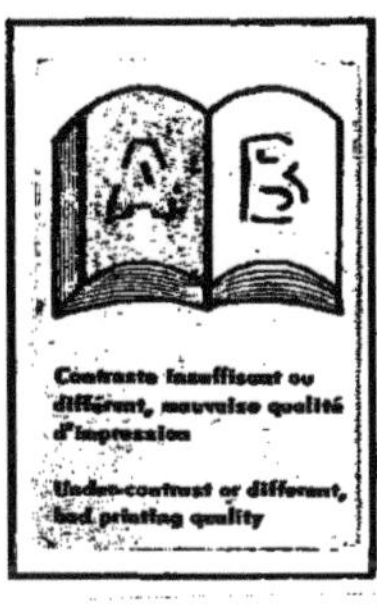

www.ingramcontent.com/pod-product-compliance
Ingram Content Group UK Ltd.
Pitfield, Milton Keynes, MK11 3LW, UK
UKHW022129170726
13837UKWH00003B/1444